AF199019

Impressum
Verlag: BABADADA GmbH, Nedderfeld 112 , 22529 Hamburg
Geschäftsführer / Verlagsleitung: Harald Hof
Druck: Books on Demand GmbH, In de Tarpen 42, 22848 Norderstedt

Imprint
Publisher: BABADADA GmbH, Nedderfeld 112 , 22529 Hamburg, Germany
Managing Director / Publishing direction: Harald Hof
Print: Books on Demand GmbH, In de Tarpen 42, 22848 Norderstedt

school

la escuela

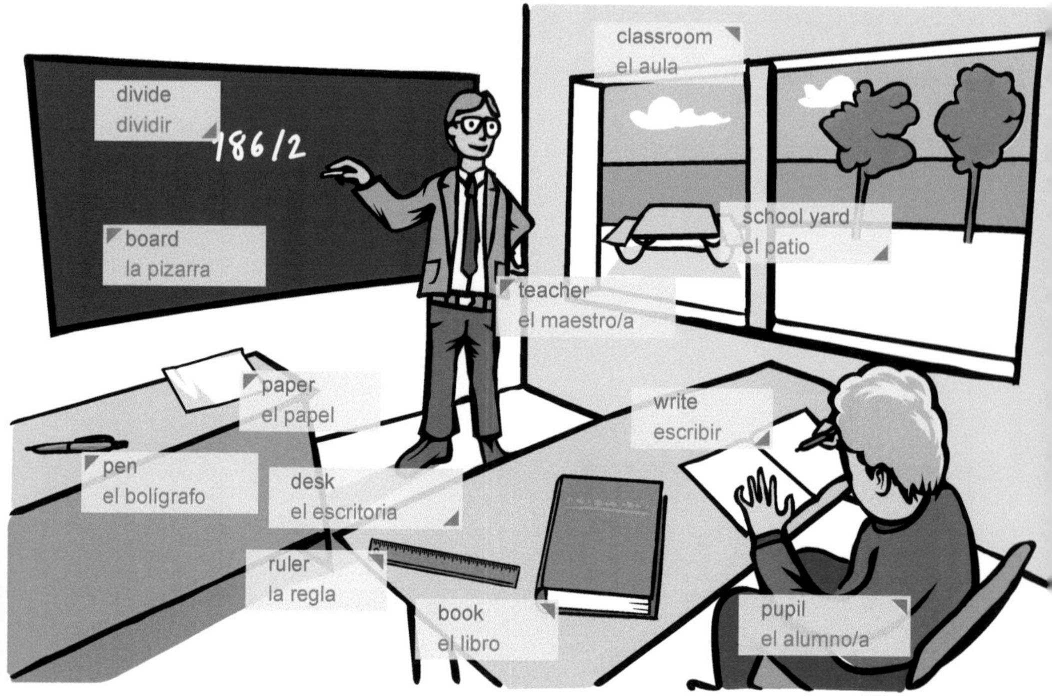
classroom
el aula
divide
dividir
186/2
board
la pizarra
school yard
el patio
teacher
el maestro/a
paper
el papel
write
escribir
pen
el bolígrafo
desk
el escritoria
ruler
la regla
book
el libro
pupil
el alumno/a

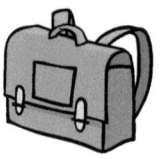

satchel

la cartera

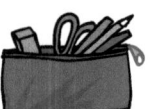

pencil case

la caja de lápices

pencil

el lápiz

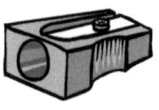

pencil sharpener

el sacapuntas

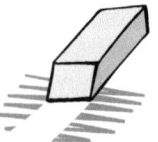

rubber

la goma de borrar

drawing pad

el cuaderno de dibujo

drawing

el dibujo

paintbrush

el pincel

paint box

la caja de pinturas

scissors

las tijeras

glue

el pegamento

exercise book

el cuaderno de ejercicios

homework

los deberes

number

el número

add

sumar

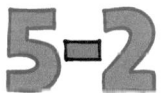

subtract

restar

multiply

multiplicar

calculate

calcular

letter

la letra

alphabet

el alfabeto

word

la palabra

text

el texto

read

leer

chalk

la tiza

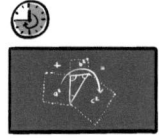

lesson

la lección

register

el cuaderno de notas

exam

el examen

certificate

el certificado

school uniform

el uniforme

education

la educación

encyclopedia

la enciclopedia

university

la universidad

microscope

el microscopio

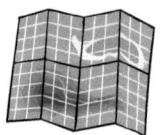

map

el mapa

waste-paper basket

la papelera

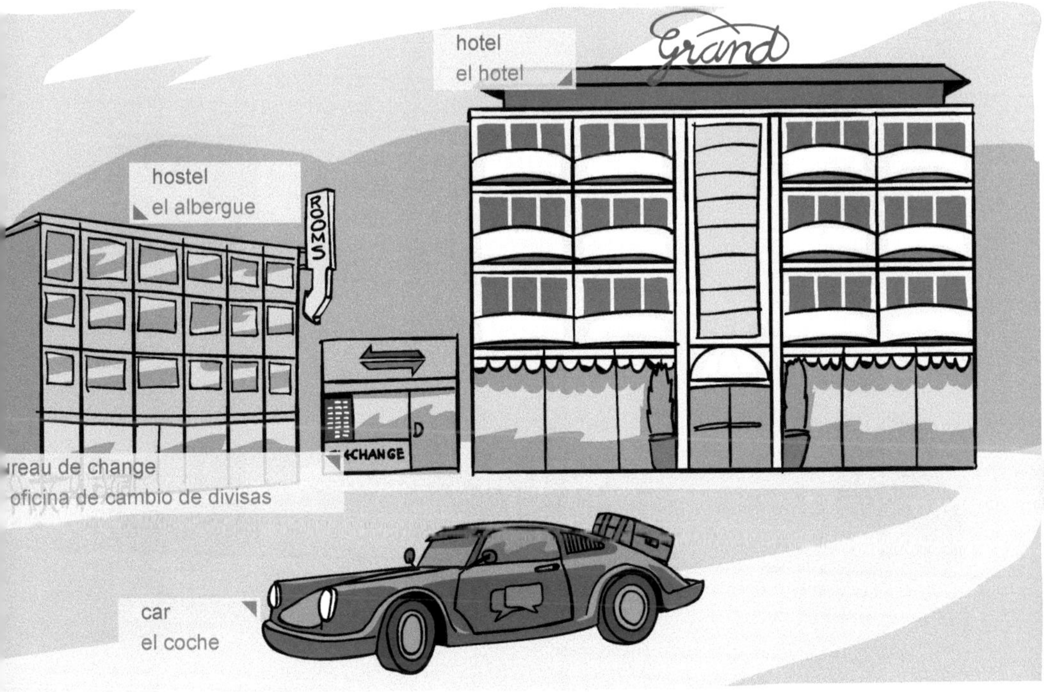

hotel
el hotel
Grand
hostel
el albergue
ROOMS
CHANGE
ureau de change
oficina de cambio de divisas
car
el coche

language
el idioma

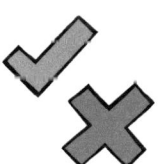

yes / no
sí / no

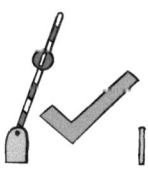

Okay
Vale

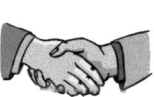

hello
hola

translator
el traductor

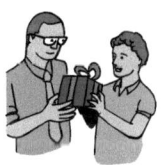

Thank you
Gracias

how much is...?

¿cuánto es...?

I do not understand

No entiendo

problem

el problema

Good evening!

¡Buenas tardes!

Good morning!

¡Buenos días!

Good night!

¡Buenas noches!

bye bye

adiós

direction

la dirección

luggage

el equipaje

bag

la bolsa

backpack

la mochila

guest

el invitado

room

la habitación

sleeping bag

el saco de dormir

tent

la tienda de campaña

tourist information

la información turística

beach

la playa

credit card

la tarjeta de crédito

breakfast

el desayuno

lunch

el almuerzo

dinner

la cena

ticket

el billete

lift

el ascensor

stamp

el sello

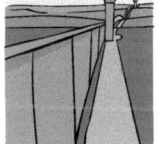

border

la frontera

customs

la aduana

embassy

la embajada

visa

la visa

passport

el pasaporte

travel - el viaje

transport
el transporte

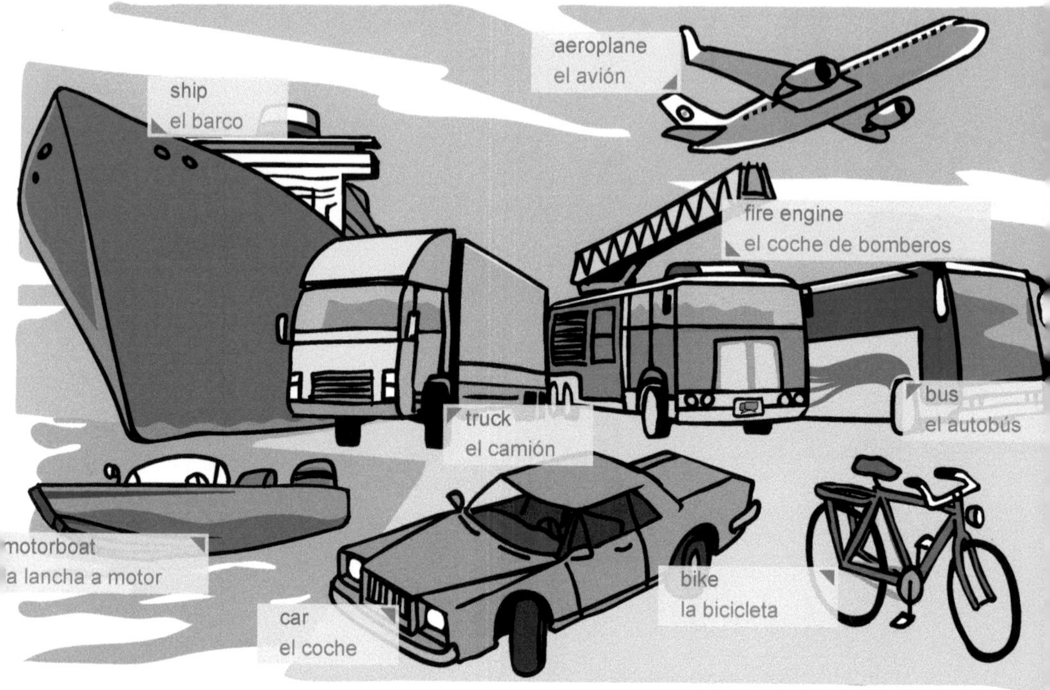
aeroplane
el avión
ship
el barco
fire engine
el coche de bomberos
bus
el autobús
truck
el camión
motorboat
a lancha a motor
bike
la bicicleta
car
el coche

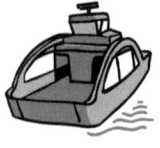

ferry
el transbordador

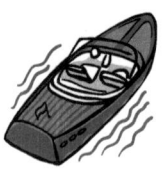

boat
la barca

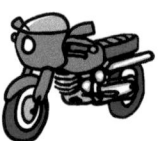

motorbike
la moto

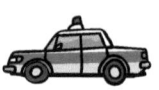

police car
el coche de policía

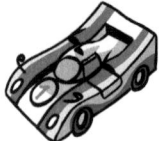

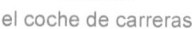

racing car
el coche de carreras

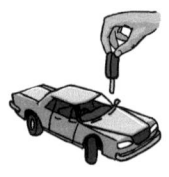

rental car
el coche de alquiler

car sharing

el préstamo de vehículos

breakdown truck

la grúa

refuse truck

el camión de la basura

motor

el motor

fuel

la gasolina

petrol station

la gasolinera

traffic sign

la señal de tráfico

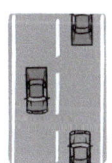

traffic

el tráfico

traffic jam

el atasco

car park

el aparcamiento

train station

la estación de tren

tracks

las vías

train

el tren

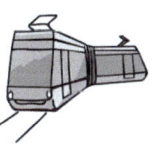

tram

el tranvía

carriage

el vagón

helicopter

el helicóptero

airport

el aeropuerto

tower

la torre

passenger

el pasajero

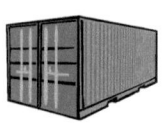

container

el contenedor

carton

la caja de cartón

cart

la carretilla

basket

la cesta

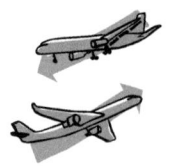

take off / land

despegar / aterrizar

city

la ciudad

village

el pueblo

city centre

el centro de la ciudad

house

la casa

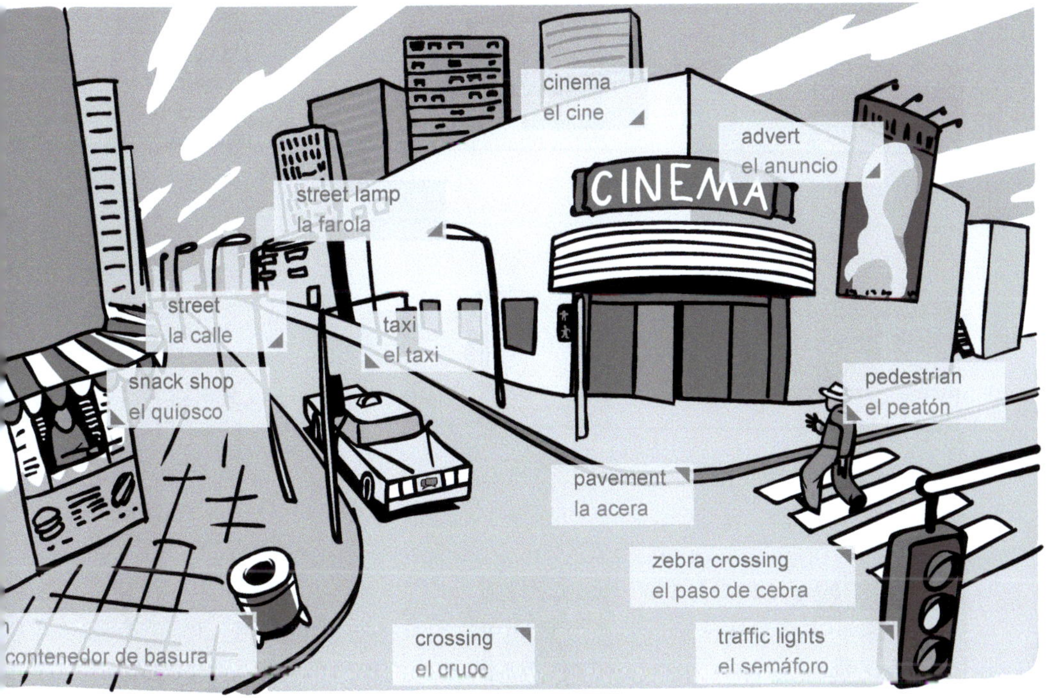

cinema
el cine
advert
el anuncio
CINEMA
street lamp
la farola
street
la calle
taxi
el taxi
snack shop
el quiosco
pedestrian
el peatón
pavement
la acera
zebra crossing
el paso de cebra
contenedor de basura
crossing
el cruce
traffic lights
el semáforo

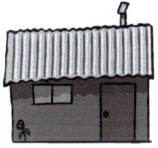

hut

la cabaña

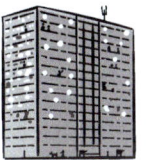

flat

el apartamento

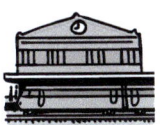

train station

la estación de tren

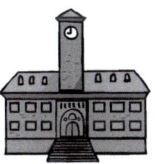

town hall

el ayuntamiento

MUSEUM

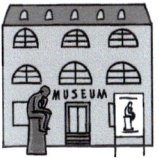

museum

el museo

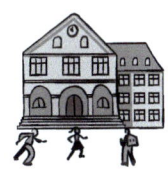

school

la escuela

university

la universidad

bank

el banco

hospital

el hospital

hotel

el hotel

pharmacy

la farmacia

office

la oficina

book shop

la librería

shop

la tienda de campaña

florist's

la floristería

supermarket

el supermercado

market

el mercado

department store

los grandes almacenes

fishmonger's

la pescadería

shopping centre

el centro comercial

harbour

el puerto

park
....
el parque

bench
....
el banco

bridge
....
el puente

stairs
....
las escaleras

underground
....
el metro

tunnel
....
el túnel

bus stop
....
la parada de autobús

bar
....
el bar

restaurant
....
el restaurante

postbox
....
el buzón

street sign
....
el poste indicador

parking meter
....
el parquímetro

zoo
....
el zoo

swimming pool
....
la piscina

mosque
....
la mezquita

farm
la granja

pollution
la contaminación

graveyard
el cementerio

church
la iglesia

playground
el patio de juego

temple
el templo

landscape
el paisaje

signpost
la señal

way
el camino

meadow
el prado

stone
la piedra

hiker
el excursionista

tree
el árbol

river
el río

grass
la hierba

flower
la flor

valley

el valle

hill

la colina

lake

el lago

forest

el bosque

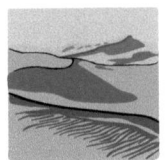

desert

el desierto

volcano

el volcán

castle

el castillo

rainbow

el arcoíris

mushroom

el champiñón

palm tree

la palmera

mosquito

el mosquito

fly

la mosca

ant

la hormiga

bee

la abeja

spider

la arana

beetle

el escarabajo

frog

la rana

squirrel

la ardilla

hedgehog

el erizo

hare

la liebre

owl

la lechuza

bird

el pájaro

swan

el cisne

boar

el jabalí

deer

el ciervo

moose

el alce

dam

la presa

wind turbine

la turbina eólica

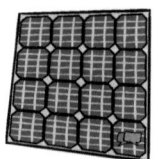

solar panel

el panel solar

climate

el clima

landscape - el paisaje

restaurant
el restaurante

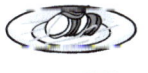

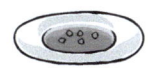

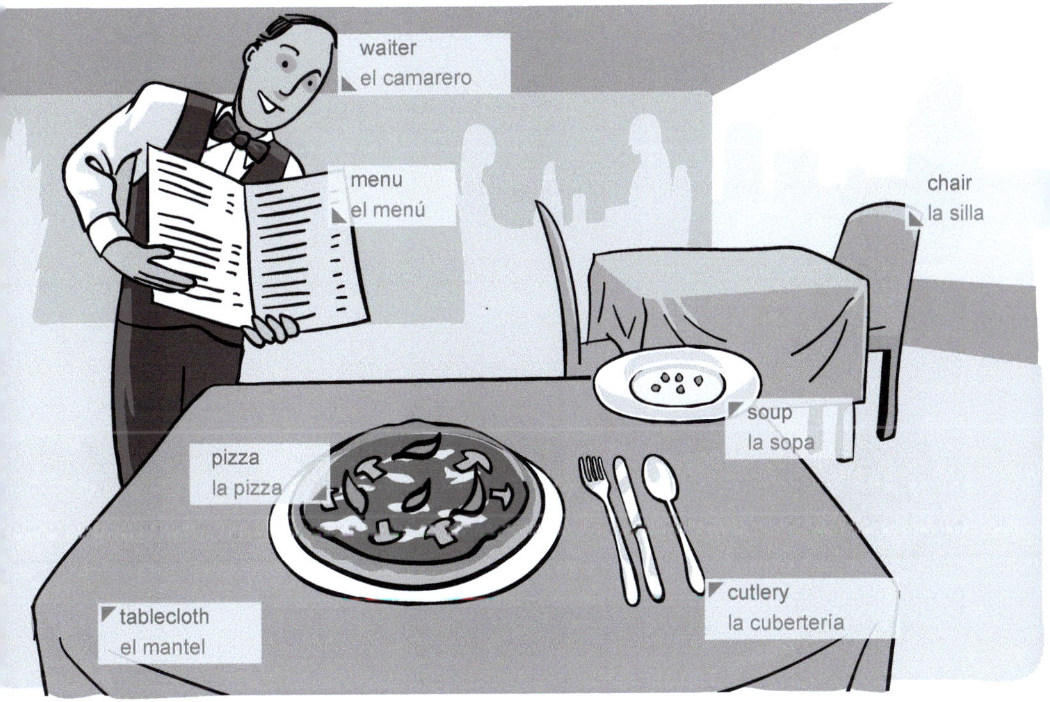

waiter
el camarero
menu
el menú
chair
la silla
soup
la sopa
pizza
la pizza
cutlery
la cubertería
tablecloth
el mantel

starter
el primer plato

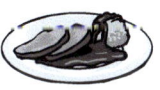

main course
el plato principal

dessert
el postre

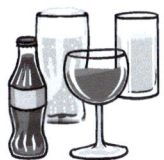

drinks
las bebidas

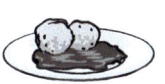

food
la comida

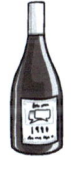

bottle
la botella

fast food

la comida rápida

street food

la comida callejera

teapot

la tetera

sugar bowl

el azucarero

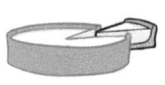

portion

la porción

espresso machine

la cafetera expreso

high chair

la trona

bill

la cuenta

tray

la bandeja

knife

el cuchillo

fork

el tenedor

spoon

la cuchara

teaspoon

la cucharilla

serviette

la servilleta

glass

el vaso

restaurant - el restaurante

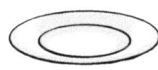

plate

el plato

soup plate

el plato hondo

saucer

el platillo

sauce

la salsa

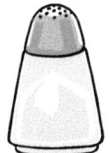

salt pot

el salero

pepper mill

el molinillo de pimienta

vinegar

el vinagre

oil

el aceite

spices

las especias

ketchup

el ketchup

mustard

la mostaza

mayonnaise

la mayonesa

supermarket
el supermercado

special offer
la oferta especial
FOR
customer
el cliente
dairy
los lácteos
fruit
la fruta
trolley
el carro de compra

BUTCHERS

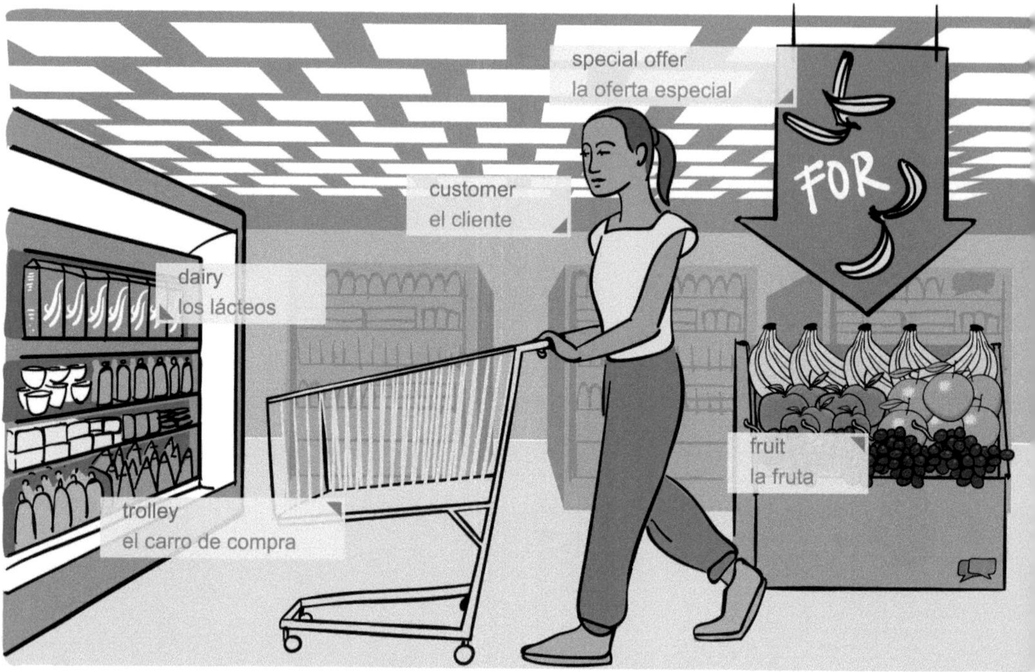

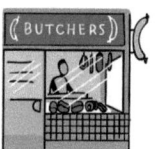

butcher´s

la carniceria

BAKERY

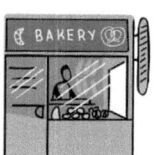

baker´s

la panadería

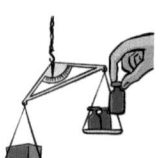

weigh

pesar

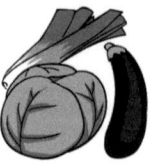

vegetables

las verduras

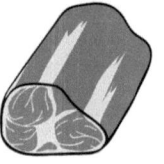

meat

la carne

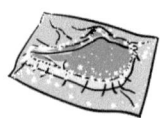

frozen food

los alimentos congelados

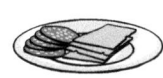

cold meat

los fiambres

tinned food

las conservas

washing powder

el detergente en polvo

sweets

los dulces

household products

productos de uso doméstico

cleaning products

productos de limpieza

salesperson

la vendedora

till

la caja de cartón

cashier

el cajero

shopping list

la lista de la compra

opening hours

el horario de atención al público

wallet

la cartera

credit card

la tarjeta de crédito

bag

la bolsa de plástico

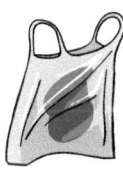

plastic bag

la bolsa de plastico

las bebidas

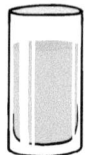

water

el agua

juice

el zumo

milk

la leche

coke

la cola

wine

el vino

beer

la cerveza

alcohol

el alcohol

cocoa

el cacao

tea

el té

coffee

el café

espresso

el expreso

cappuccino

el capuchino

banana

el plátano

apple

la manzana

orange

la naranja

melon

el melón

lemon

el limón

carrot

la zanahoria

garlic

el ajo

bamboo

el bambú

onion

la cebolla

mushroom

el champiñón

nuts

las avellanas

noodles

los fideos

spaghetti

las espagueti

rice

el arroz

salad

la ensalada

chips

las patatas fritas

fried potatoes

las patatas fritas

pizza

la pizza

hamburger

la hamburguesa

sandwich

el sándwich

cutlet

el filete

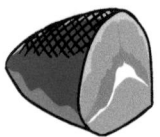

ham

el jamón

salami

le salami

sausage

la salchicha

chicken

el pollo

roast

el asado

fish

el pescado

porridge oats

los copos de avena

muesli

el muesli

cornflakes

los copos de maíz

flour

la harina

croissant

el cruasán

bread roll

el panecillo

bread

el pan

toast

la tostada

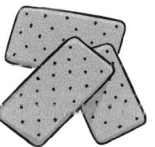

biscuits

las galletas

butter

la mantequilla

curd

la cuajada

cake

el pastel

egg

el huevo

fried egg

el huevo frito

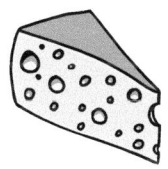

cheese

el queso

ice cream

el helado

sugar

el azúcar

honey

la miel

jam

la mermelada

chocolate spread

la crema de turrón

curry

el curry

farm

la granja

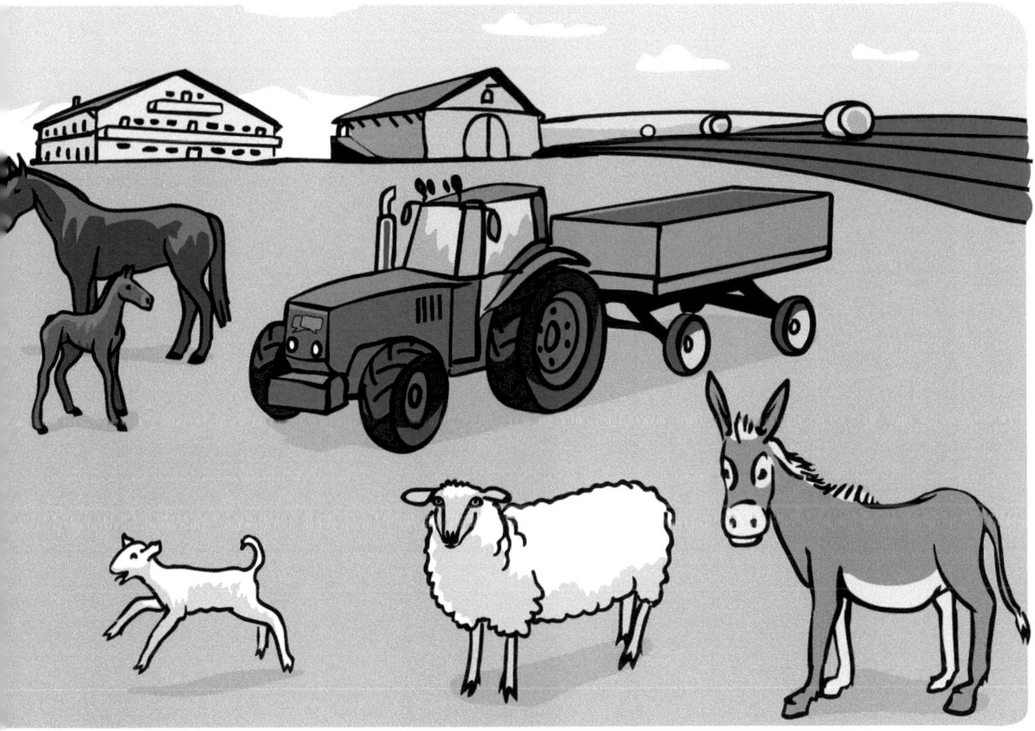

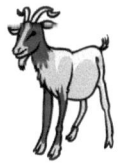

goat
....
la cabra

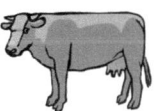

cow
....
la vaca

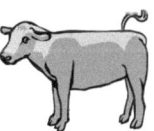

calf
....
el ternero

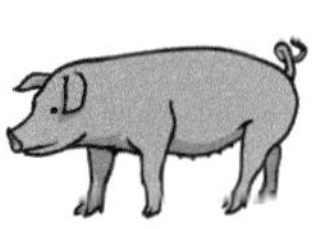

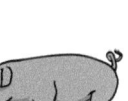

pig
....
el cerdo

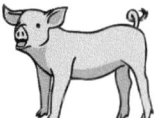

piglet
....
el cerdito

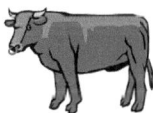

bull
....
el toro

goose

el ganso

duck

el pato

chick

el pollo

hen

la gallina

cock

el gallo

rat

la rata

cat

el gato

mouse

el ratón

ox

el buey

dog

el perro

doghouse

la perrera

garden hose

la manguera

watering can

la regadera

scythe

la guadaña

plough

el arado

sickle

la hoz

hoe

la azada

pitchfork

la horca

axe

el hacha

wheelbarrow

la carretilla

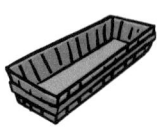

trough

el abrevadero

milk can

la lechera

sack

el saco

fence

la valla

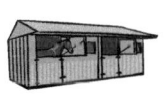

stable

el establo

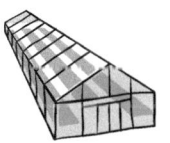

greenhouse

el invernadero

soil

el suelo

seed

la semilla

fertilizer

el fertilizador

combine harvester

la cosechadora

farm - la granja

harvest

cosechar

harvest

la cosecha

yams

el ñame

wheat

el trigo

soy

el soja

potato

la patata

corn

el maíz

rapeseed

la semilla de colza

fruit tree

el árbol frutal

cassava

la mandioca

cereals

las cereales

house
la casa

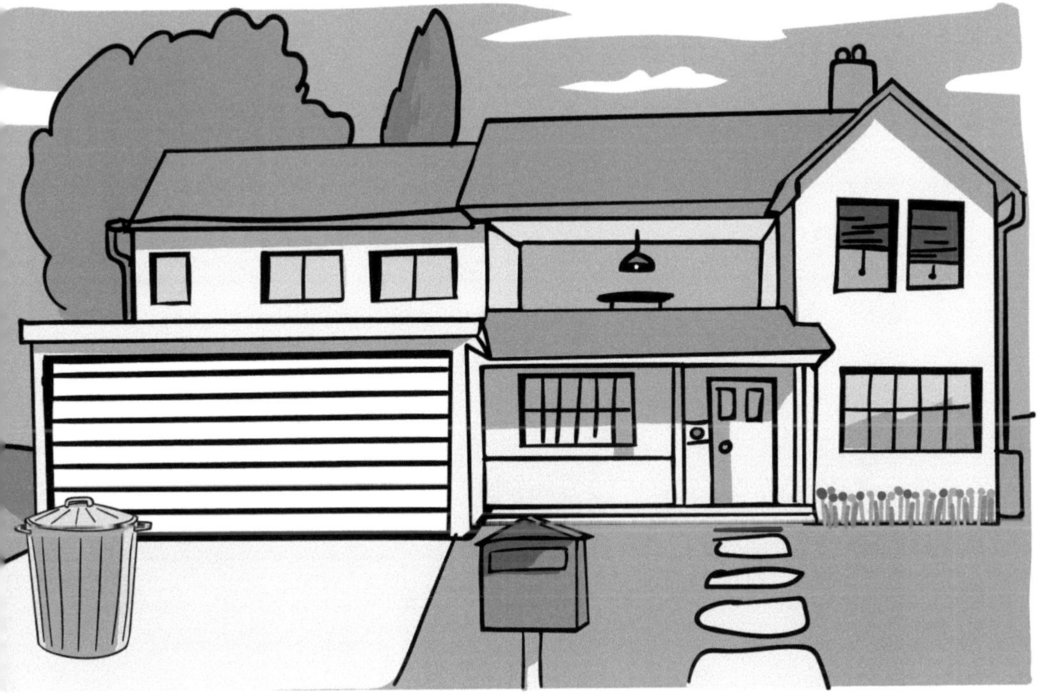

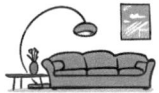

living room
la sala

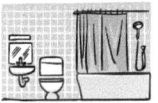

bathroom
el cuarto de baño

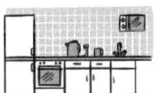

kitchen
la cocina

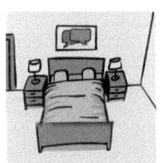

bedroom
el dormitorio

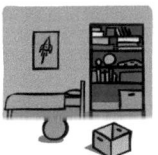

child's room
la habitación de los niños

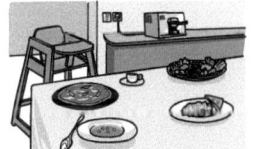

dining room
el comedor

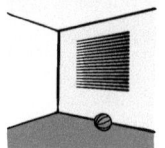

floor

el suelo

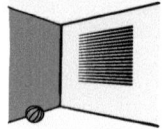

wall

la pared

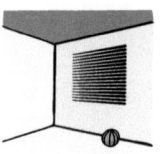

ceiling

el techo

cellar

el sótano

sauna

la sauna

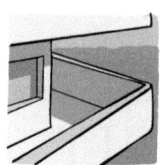

balcony

el balcón

terrace

la terraza

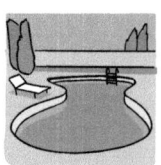

pool

la piscina

lawn mower

el cortacésped

sheet

la sábana

bedspread

la colcha

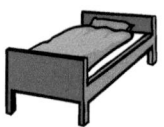

bed

la cama

broom

la escoba

bucket

el balde

switch

el interruptor

living room
la sala

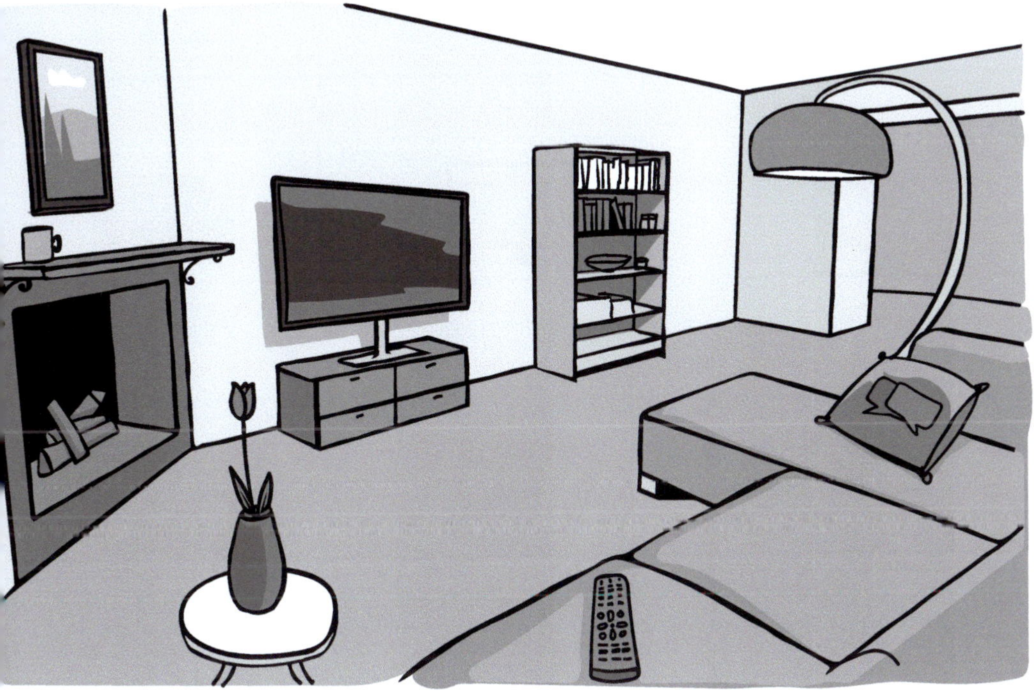

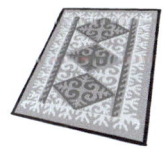

carpet

la alfombra

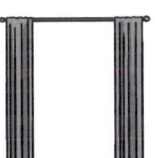

curtain

la cortina

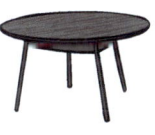

table

la mesa

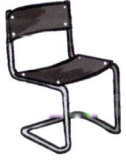

chair

la silla

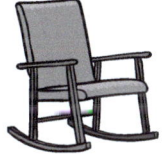

rocking chair

el mecedora

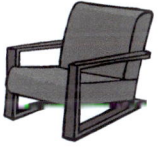

armchair

la butaca

book

el libro

blanket

la manta

decoration

la decoración

firewood

la leña

film

la película

hi-fi equipment

el equipo de música

key

la llave

newspaper

el periódico

painting

la pintura

poster

el póster

radio

la radio

notepad

el cuaderno

hoover

la aspiradora

cactus

el cactus

candle

la vela

kitchen
la cocina

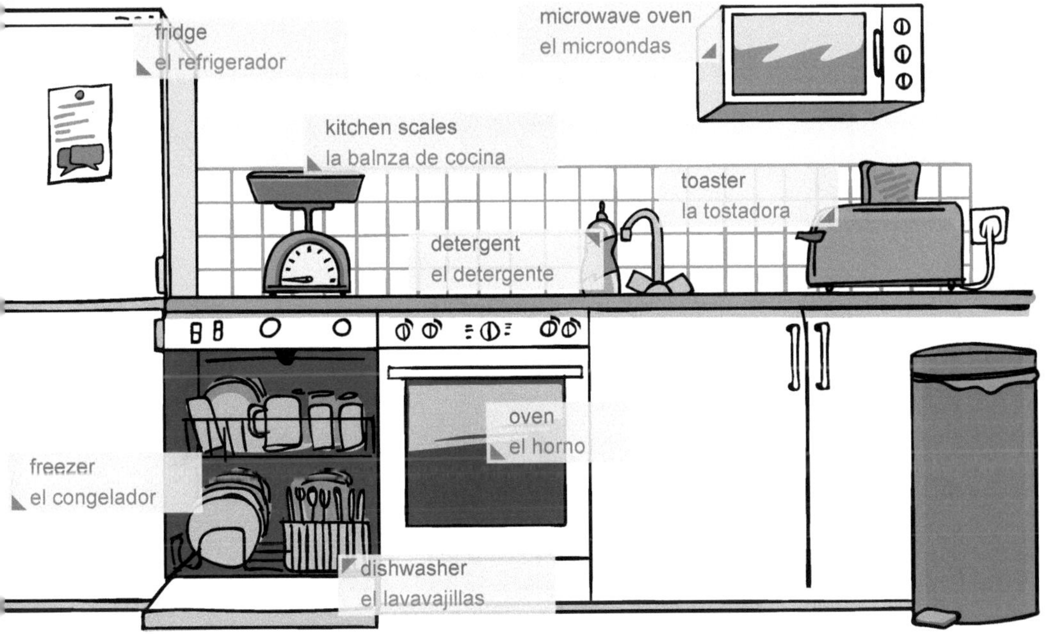
fridge
el refrigerador
microwave oven
el microondas
kitchen scales
la balnza de cocina
toaster
la tostadora
detergent
el detergente
oven
el horno
freezer
el congelador
dishwasher
el lavavajillas

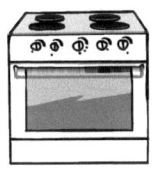

cooker
la olla a presión

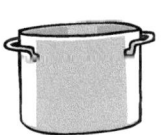

pot
la olla

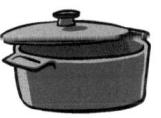

cast-iron pot
la olla de hierro fundido

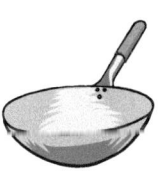

wok / kadai
el wok

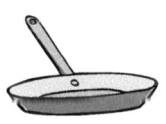

pan
la cazuela

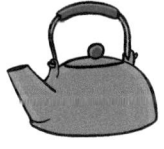

kettle
el hervidor

steamer

la vaporera

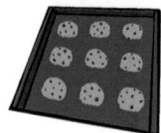

baking tray

la chapa de horno

crockery

la vajilla

mug

la taza

bowl

el tazón

chopsticks

los palillos

ladle

el cucharón

spatula

la espumadera

whisk

el batidor

strainer

el colador

sieve

el cedazo

grater

el rallador

mortar

el mortero

barbecue

la barbacoa

open fire

la hoguera

chopping board
la tabla de picar

rolling pin
el rodillo

corkscrew
el sacacorchos

can
la lata

can opener
el abrelatas

pot holder
el agarrador

sink
el lavabo

brush
el cepillo

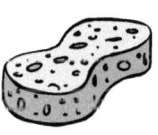

sponge
la esponja

blender
la batidora

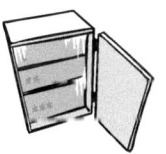

deep freezer
el congelador

baby bottle
el biberón

tap
el grlfo

bathroom
el cuarto de baño

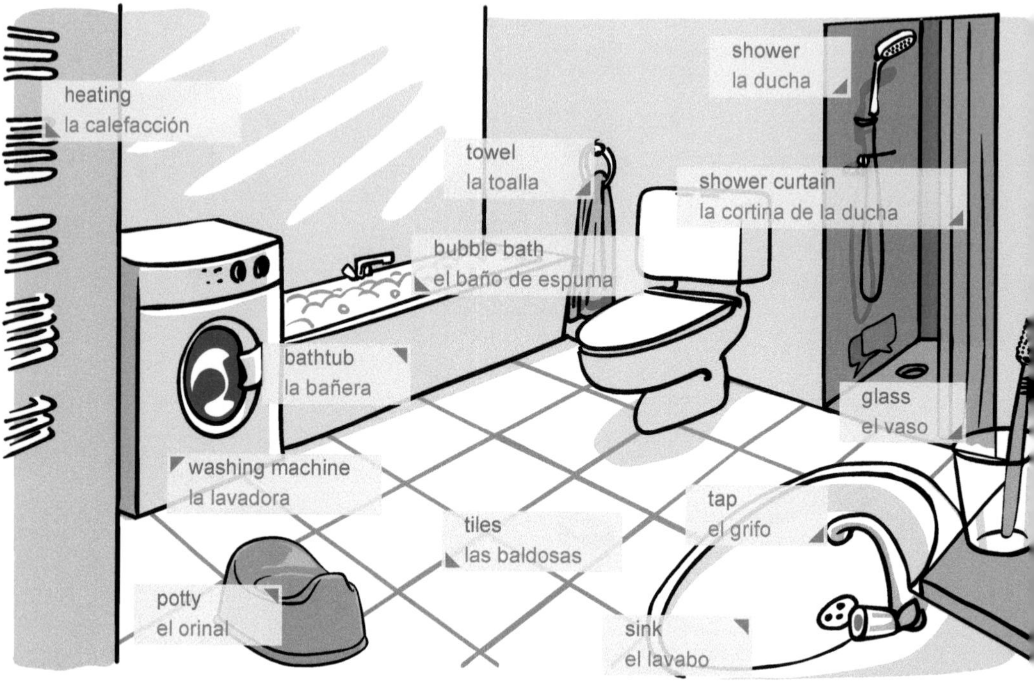
heating
la calefacción
towel
la toalla
shower
la ducha
shower curtain
la cortina de la ducha
bubble bath
el baño de espuma
bathtub
la bañera
glass
el vaso
washing machine
la lavadora
tap
el grifo
tiles
las baldosas
potty
el orinal
sink
el lavabo

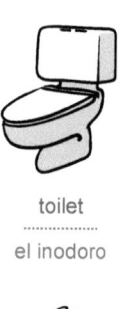

toilet

el inodoro

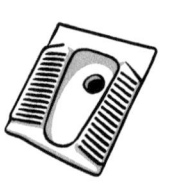

squat toilet

el inodoro rústico

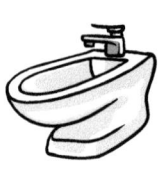

bidet

el bidé

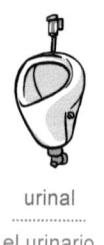

urinal

el urinario

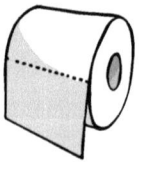

toilet paper

el papel higiénico

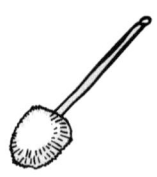

toilet brush

la escobilla del váter

toothbrush

el cepillo de dientes

toothpaste

la pasta de dientes

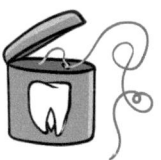

dental floss

el hilo dental

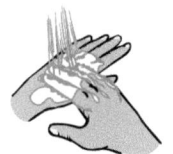

wash

lavar

handheld shower

la ducha de mano

douche

la ducha íntima

basin

la pila

back brush

el cepillo de espalda

soap

el jabón

shower gel

el gel de ducha

shampoo

el champú

flannel

la toallita

drain

el desagüe

cream

la crema

deodorant

el desodorante

mirror

el espejo

hand mirror

el espejo de tocador

razor

la maquinilla de afeitar

shaving foam

la espuma de afeitar

aftershave

la loción postafeitado

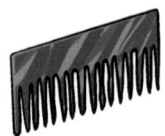

comb

el peine

brush

el cepillo

hair dryer

el secador

hairspray

la laca

makeup

el maquillaje

lipstick

el pintalabios

nail varnish

el pintauñas

cotton wool

el algodón

nail scissors

el cortauñas

perfume

el perfume

bathroom - el cuarto de baño

washbag

el estuche de viaje

stool

la banqueta

weighing scale

la balanza

bathrobe

el albornoz

rubber gloves

los guantes de goma

tampon

el tampón

sanitary towel

la compresa

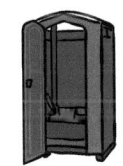

chemical toilet

el inodoro químico

child's room
la habitación de los niños

alarm clock
el despertador
cuddly toy
el peluche
toy car
el coche de juguete
rattle
el sonajero
doll's house
la casa de muñecas
present
el regalo

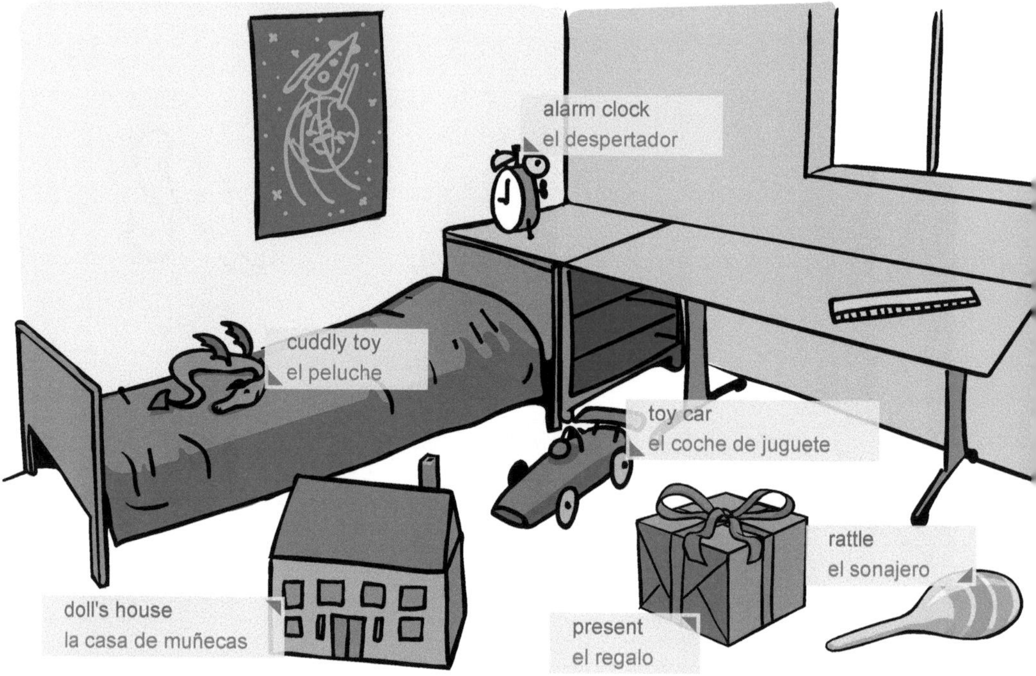

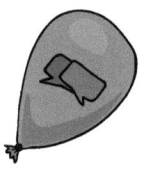

balloon

el globo

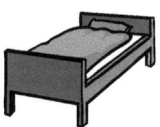

bed

la cama

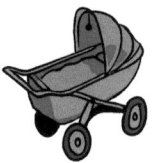

pram

el coche de niño

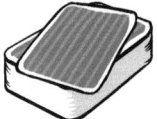

deck of cards

los naipes

jigsaw

el puzle

SUPER
MEGA

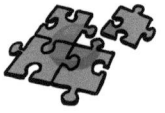

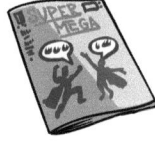

comic

el tebeo

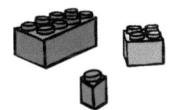

lego bricks

las piezas de lego

building blocks

los bloques de juguete

action figure

la figura de acción

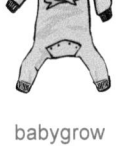

babygrow

el bodi (de bebé)

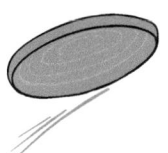

frisbee

el frisbee

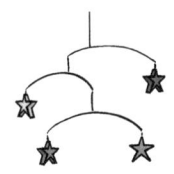

mobile

el colgador móvil para bebés

board game

el juego de mesa

dice

los dados

model train set

el circuito de tren eléctrico

dummy

el maniquí

party

la fiesta

picture book

el álbum de fotos

ball

la pelota

doll

la muñeca

play

jugar

sandpit

el cajón de arena

swing

el columpio

toys

los juguetes

video game console

la videoconsola

tricycle

el triciclo

teddy bear

el oso de peluche

wardrobe

la guardarropa

clothing

la ropa

socks

los calcetines

stockings

las medias

tights

los leotardos

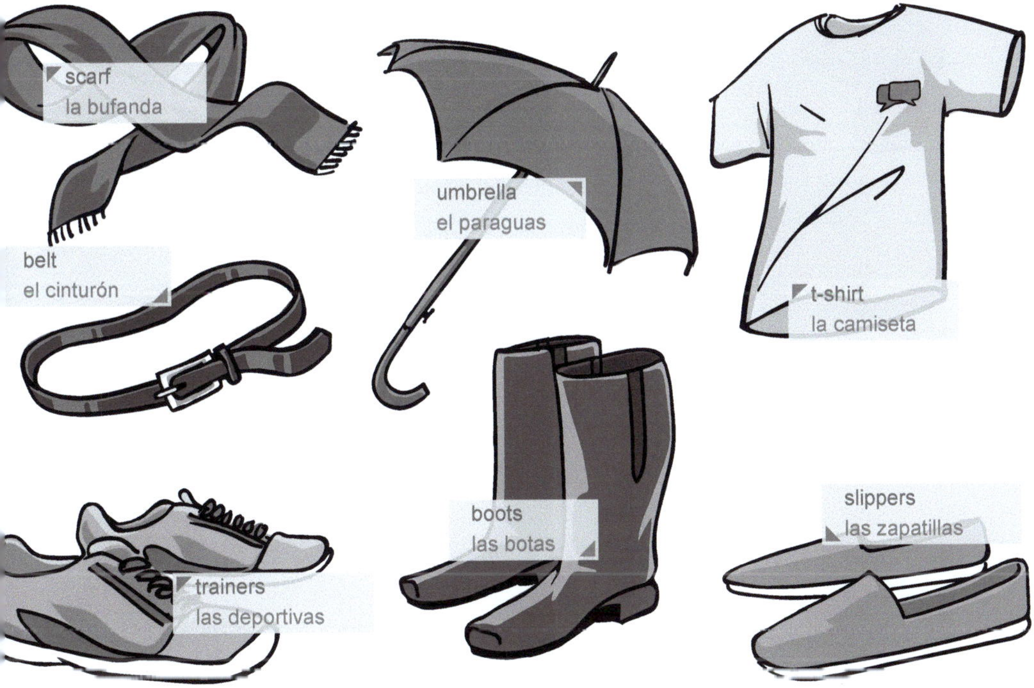

scarf
la bufanda

belt
el cinturón

umbrella
el paraguas

t-shirt
la camiseta

boots
las botas

slippers
las zapatillas

trainers
las deportivas

sandals

las sandalias

shoes

los zapatos

rubber boots

las botas de goma

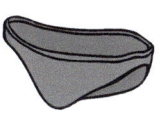

underpants

el slip

bra

el sostén

vest

el chaleco

body

el bodi

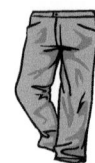

trousers

los pantalones cortos

jeans

los vaqueros

skirt

la falda

blouse

la blusa

shirt

la camisa

pullover

el jersey

hoodie

el suéter

blazer

el blazer

jacket

la chaqueta

coat

el abrigo

raincoat

la gabardina

costume

el traje

dress

el vestido

wedding dress

el vestido de novia

suit

el traje

nightgown

el camisón

pyjamas

el pijama

sari

el sati

headscarf

el bandana

turban

el turbante

burqa

la burka

kaftan

el caftán

abaya

la abaya

swimsuit

el traje de baño

trunks

el bañador

shorts

los pantalones cortos

tracksuit

el chándal

apron

el delantal

gloves

los guantes

button

el botón

glasses

las gafas

bracelet

el brazalete

necklace

el collar

ring

el anillo

earring

el pendiente

cap

la gorra

coat hanger

la percha

hat

el sombrero

tie

la corbata

zip

la cremallera

helmet

el casco

braces

los tirantes

school uniform

el uniforme

uniform

el uniforme

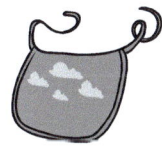

bib

el babero

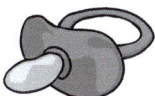

dummy

el maniquí

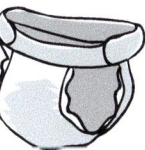

nappy

el pañal

office

la oficina

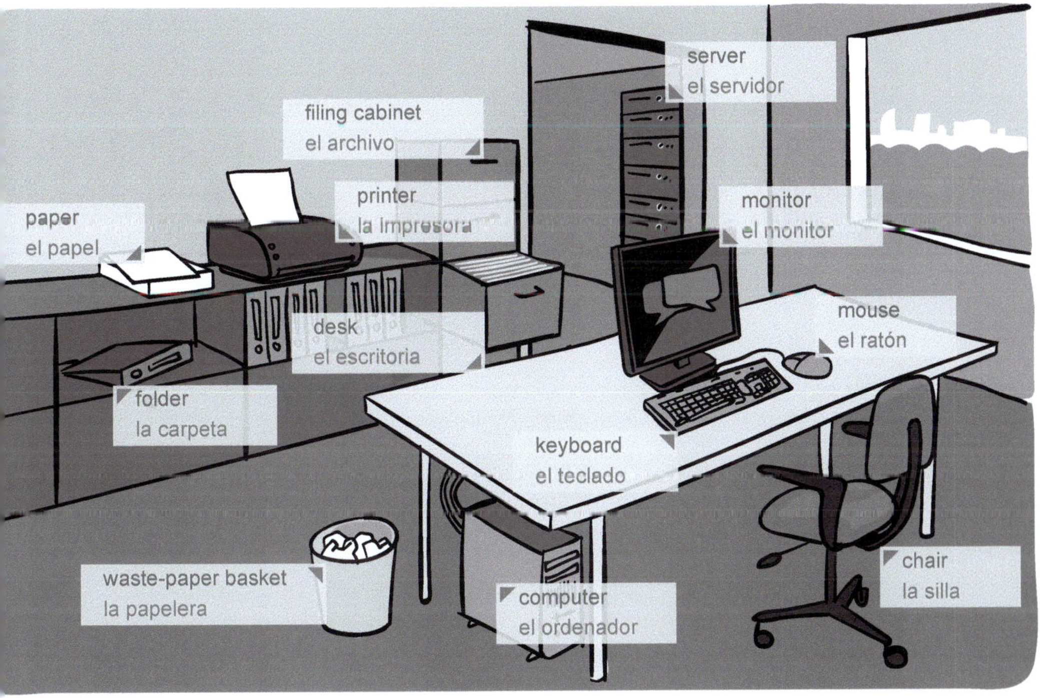

server
el servidor
filing cabinet
el archivo
printer
la impresora
paper
el papel
monitor
el monitor
mouse
el ratón
desk
el escritoria
folder
la carpeta
keyboard
el teclado
chair
la silla
waste-paper basket
la papelera
computer
el ordenador

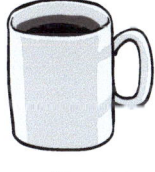

coffee mug

la taza de café

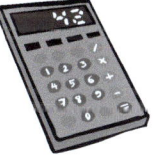

calculator

la calculadora

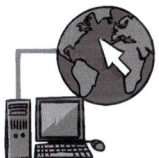

internet

el internet

laptop
el portátil

letter
la carta

message
el mensaje

mobile
el móvil

network
la red

photocopier
la fotocopiadora

software
el software

telephone
el teléfono

plug socket
la toma de corriente

fax machine
el fax

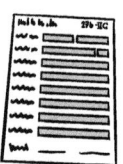

form
el formulario

document
el documento

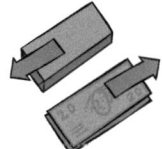

buy

comprar

pay

pagar

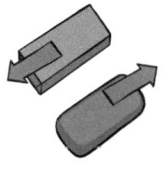

trade

comerciar

money

el dinero

dollar

el dólar

euro

el euro

yen

el yen

rouble

el rublo

Swiss franc

el franco suizo

renminbi yuan

el renminbi yuan

rupee

la rupia

cashpoint

el cajero automático

bureau de change

la oficina de cambio de divisas

gold

el oro

silver

la plata

oil

el petróleo

energy

la energía

price

el precio

contract

el contrato

tax

el impuesto

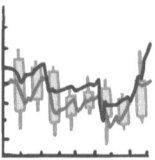

stock

la acción

work

trabajar

employee

el empleador

employer

el empleador

factory

la fábrica

shop

la tienda de campaña

occupations
los oficios

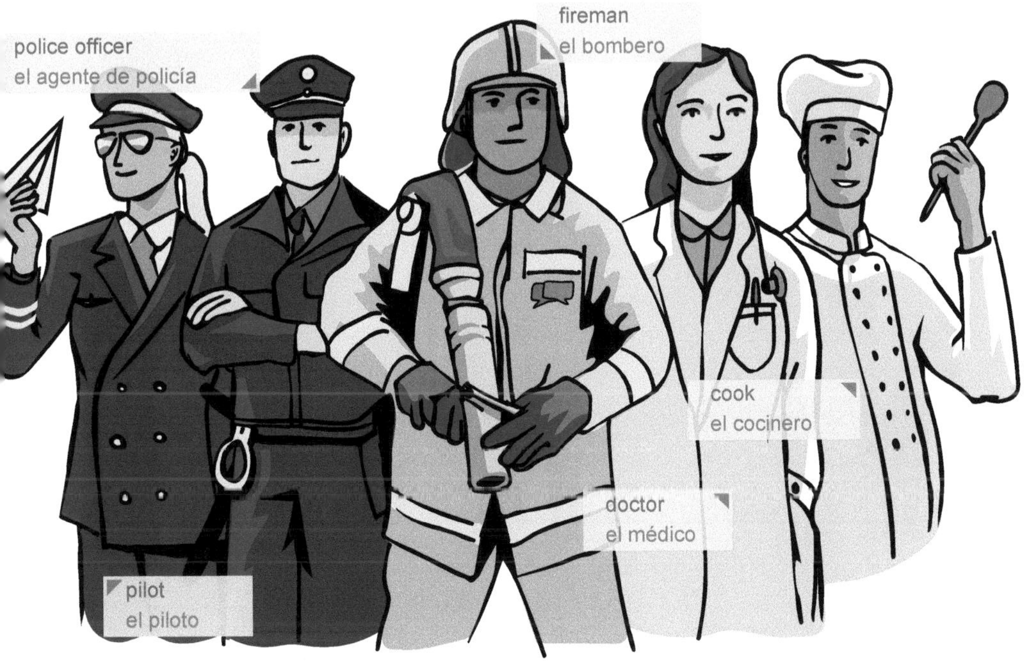
police officer
el agente de policía
fireman
el bombero
cook
el cocinero
doctor
el médico
pilot
el piloto

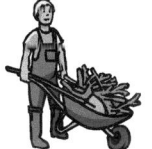

gardener

el jardinero

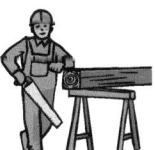

carpenter

el carpintero

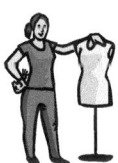

seamstress

la costurera

judge

el juez

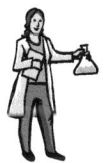

chemist

el farmacéutico

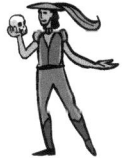

actor

el actor

bus driver

el conductor de autobús

taxi driver

el taxista

fisherman

el pescador

cleaning lady

la señora de la limpieza

roofer

el techador

waiter

el camarero

hunter

el cazador

painter

el pintor

baker

el panadero

electrician

el electricista

builder

el obrero

engineer

el ingeniero

butcher

el carnicero

plumber

el fontanero

postman

el cartero

soldier

el soldado

architect

el arquitecto

cashier

el cajero

florist

el florista

hairdresser

el peluquero

conductor

el revisor

mechanic

el mecánico

captain

el capitán

dentist

el dentista

scientist

el científico

rabbi

el rabino

imam

el imán

monk

el monje

clergyman

el sacerdote

tools
las herramientas

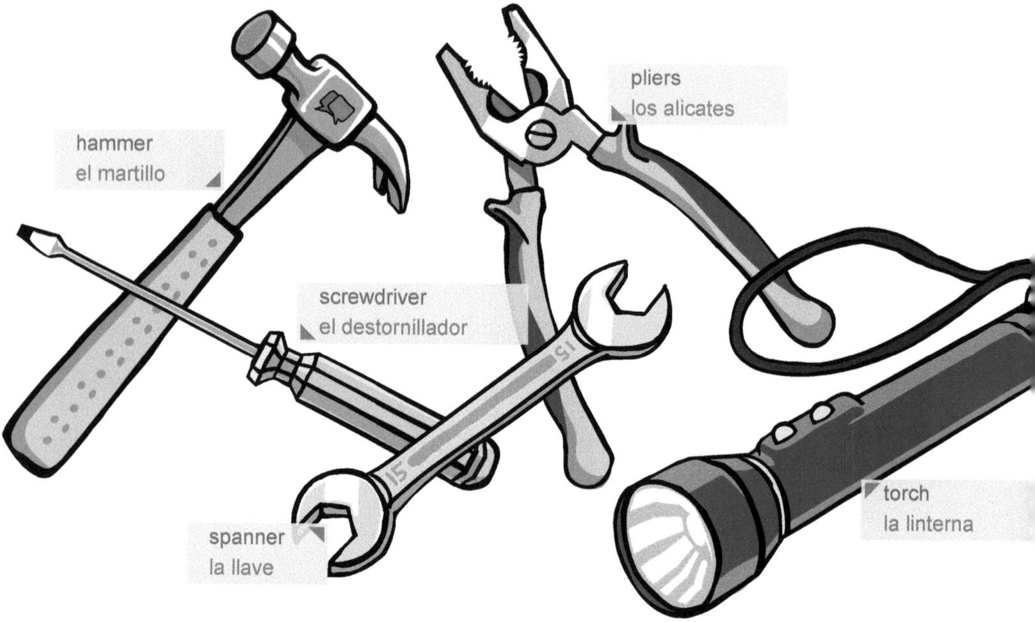
hammer
el martillo
pliers
los alicates
screwdriver
el destornillador
spanner
la llave
torch
la linterna

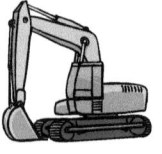

digger

la excavadora

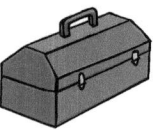

toolbox

la caja de herramientas

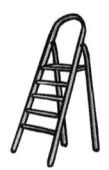

ladder

la escalera de mano

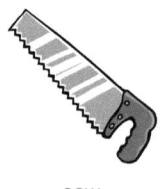

saw

la sierra

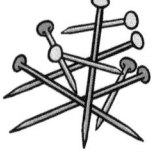

nails

los clavos

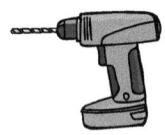

drill

el taladro

repair
reparar

shovel
la pala

Damn!
¡Maldita sea!

dustpan
el recogedor

paint pot
el bote de pintura

screws
los tornillos

musical instruments
los instrumentos musicales

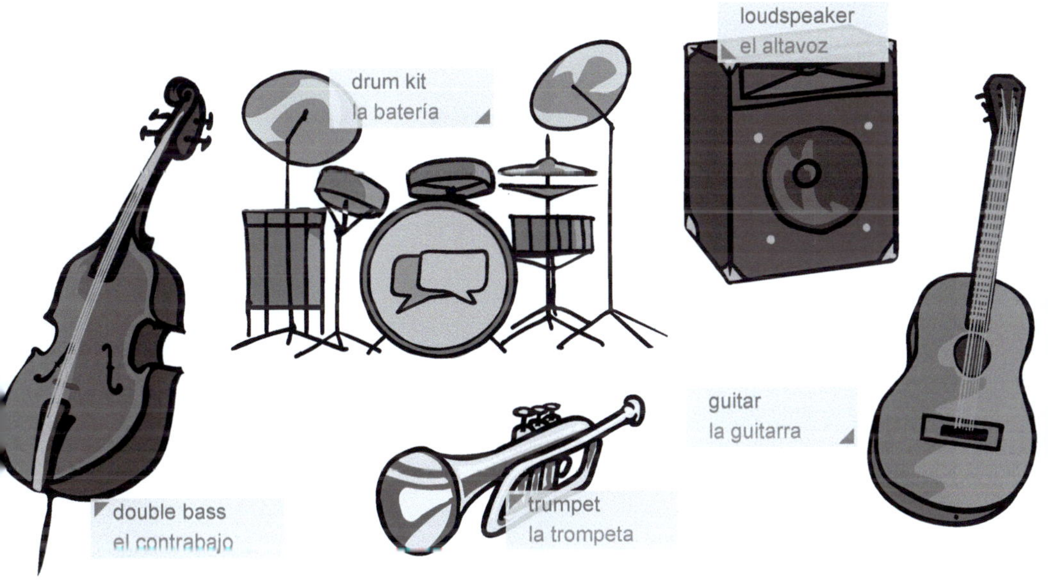

loudspeaker
el altavoz

drum kit
la batería

guitar
la guitarra

double bass
el contrabajo

trumpet
la trompeta

piano

el piano

violin

el violín

bass

bajo

timpani

los timbales

drums

el tambor

keyboard

el teclado

saxophone

el saxofón

flute

la flauta

microphone

el micrófono

zoo

el zoo

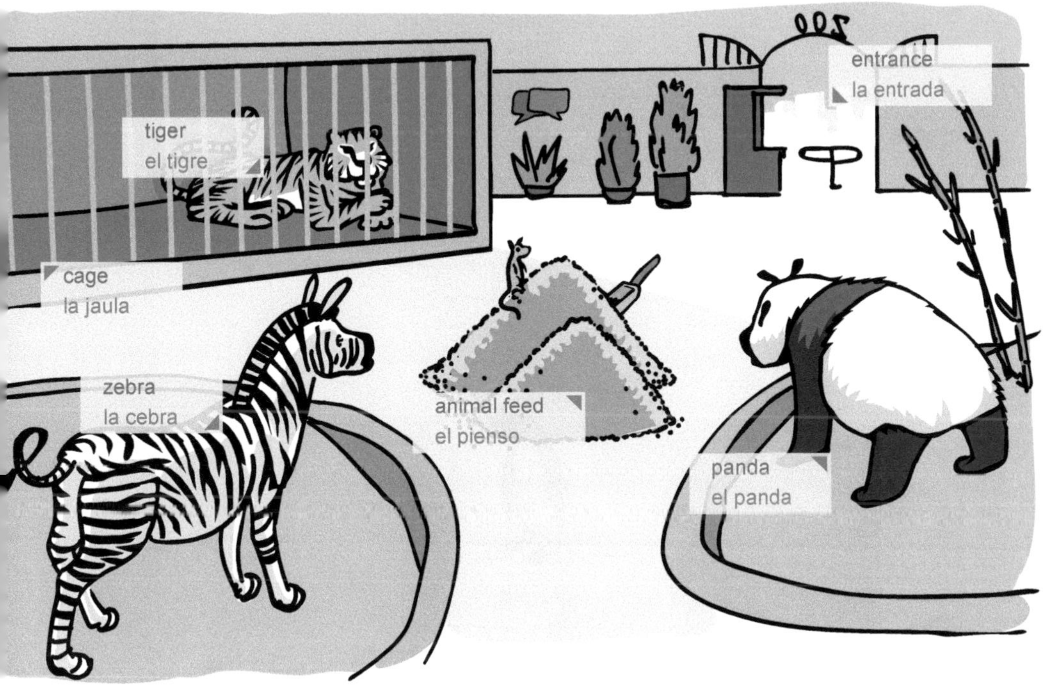

tiger
el tigre
entrance
la entrada
cage
la jaula
zebra
la cebra
animal feed
el pienso
panda
el panda

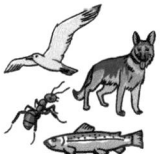

animals

los animales

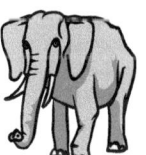

elephant

el elefante

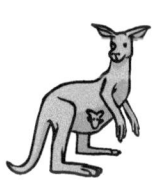

kangaroo

el canguro

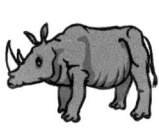

rhino

el rinoceronte

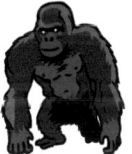

gorilla

el gorila

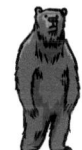

bear

el oso

camel

el camello

ostrich

el avestruz

lion

el león

monkey

el mono

flamingo

el flamingo

parrot

el loro

polar bear

el oso polar

penguin

el pingüino

shark

el tiburón

peacock

el pavo real

snake

la serpiente

crocodile

el cocodrilo

zookeeper

el guardián de zoológico

seal

la foca

jaguar

el jaguar

pony
el poni

leopard
el leopardo

hippo
el hipopótamo

giraffe
la jirafa

eagle
el águila

boar
el jabalí

fish
el pescado

turtle
la tortuga

walrus
la morsa

fox
el zorro

gazelle
la gacela

American football
el fútbol americano

cycling
el ciclismo

tennis
el tenis

basketball
el baloncesto

swimming
la natación

boxing
el boxeo

ice hockey
el hockey sobre hielo

football
el fútbol

badminton
el bádminton

athletics
el atletismo

handball
el balonmano

skiing
el esquí

polo
el polo

activities
las actividades

jump
saltar
sing
cantar
hug
abrazar
laugh
reír
walk
caminar
pray
rezar
kiss
besar
dream
soñar

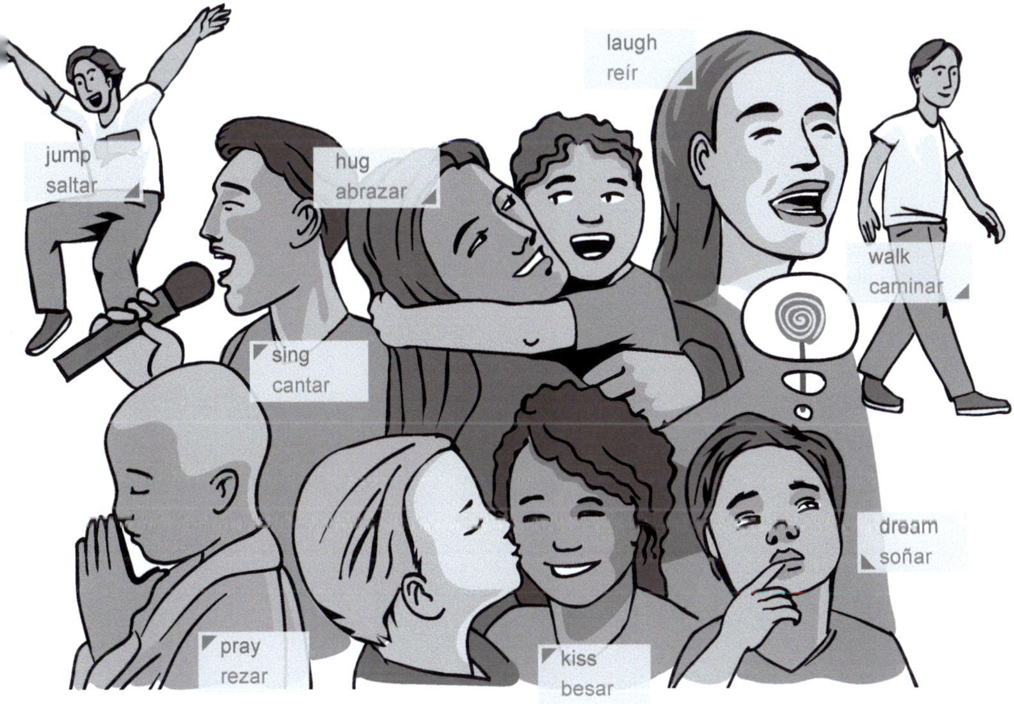

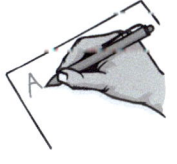

write
escribir

draw
dibujar

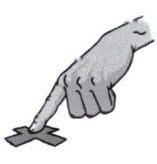

show
mostrar

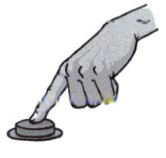

push
empujar

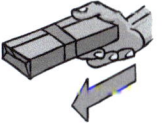

give
dar

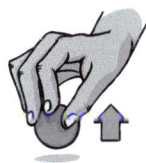

take
tomar

have
······
tener

do
······
hacer

be
······
ser

stand
······
estar de pie

run
······
correr

pull
······
tirar

throw
······
tirar

fall
······
caer

lie
······
yacer

wait
······
esperar

carry
······
llevar

sit
······
estar sentado

get dressed
······
vestirse

sleep
······
dormir

wake up
······
despertar

look at

mirar

cry

llorar

stroke

acariciar

comb

peinar

talk

hablar

understand

entender

ask

preguntar

listen

escuchar

drink

beber

eat

comer

tidy up

ordenar

love

amar

cook

cocinar

drive

conducir

fly

volar

activities - las actividades

sail

navegar

calculate

calcular

read

leer

learn

aprender

work

trabajar

marry

casarse

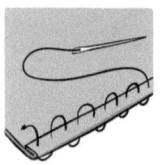

sew

coser

brush teeth

cepillarse los dientes

kill

matar

smoke

fumar

send

enviar

family
la familia

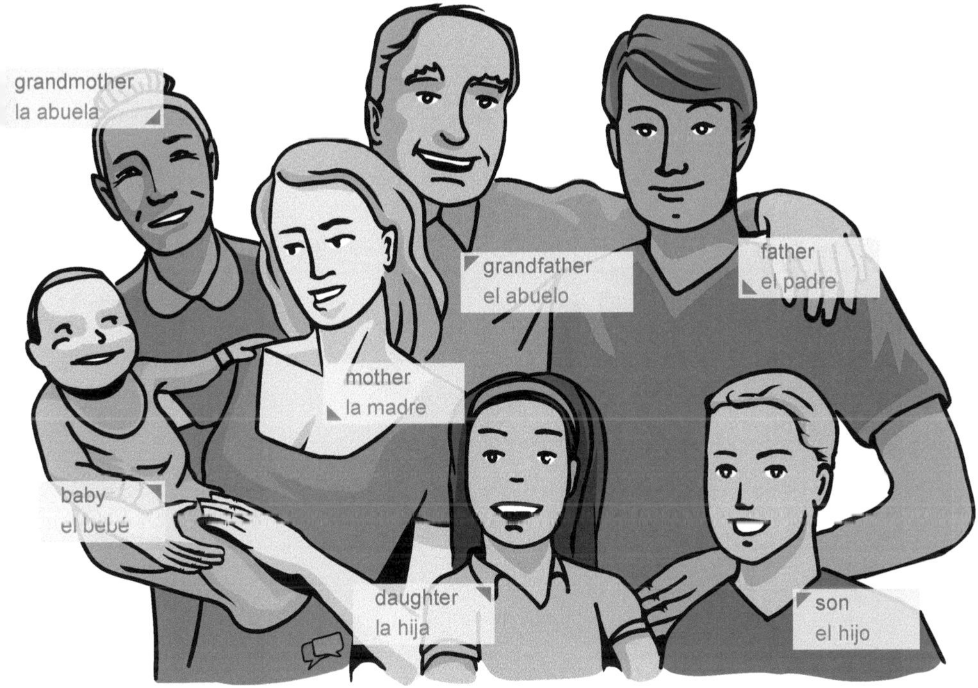
grandmother
la abuela
grandfather
el abuelo
father
el padre
mother
la madre
baby
el bebé
daughter
la hija
son
el hijo

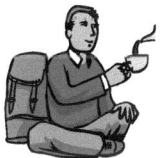

guest

el invitado

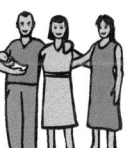

aunt

la tía

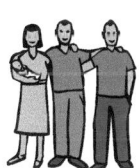

uncle

el tío

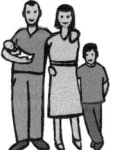

brother

el hermano

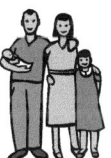

sister

la hermana

body

el cuerpo

forehead
la frente
eye
el ojo
shoulder
el hombro
finger
el dedo
face
la cara
chin
la barbilla
hand
la mano
leg
la pierna
breast
el pecho
arm
el brazo

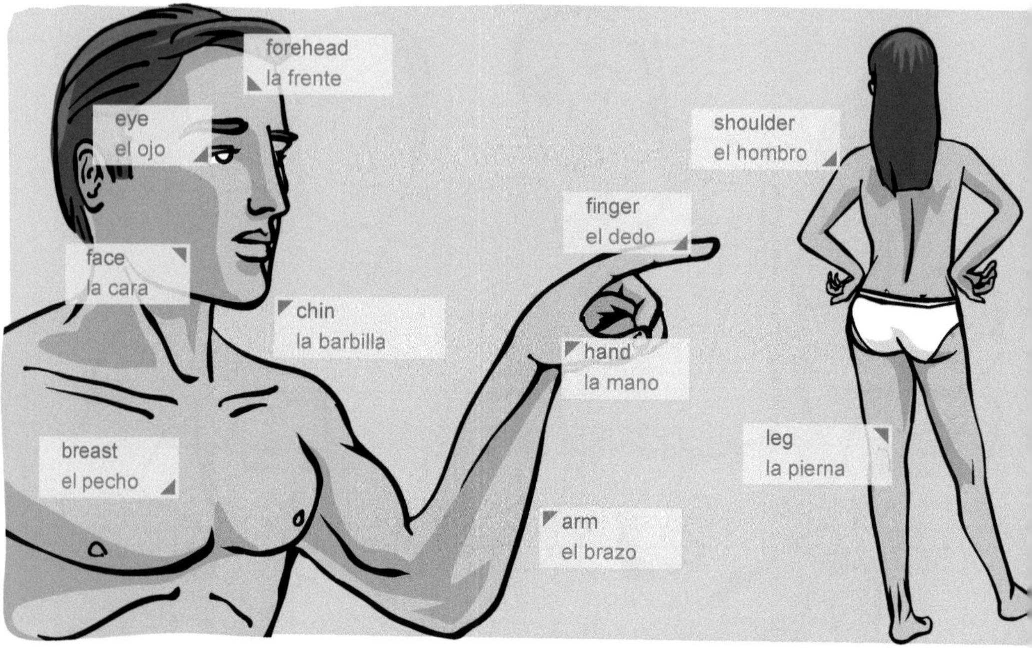

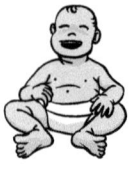

baby

el bebé

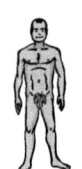

man

el hombre

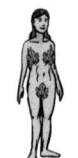

woman

la mujer

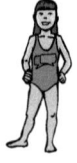

girl

la chica

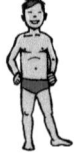

boy

el chico

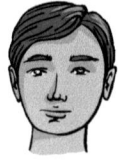

head

la cabeza

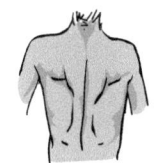

back
la espalda

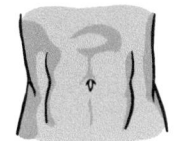

belly
el vientre

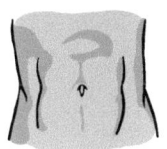

belly button
el ombligo

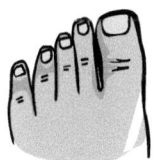

toe
el dedo del pie

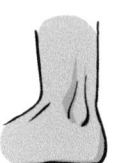

heel
el talón

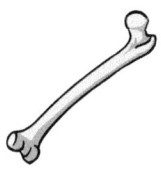

bone
el hueso

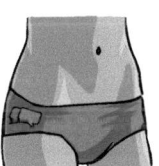

hip
la cadera

knee
la rodilla

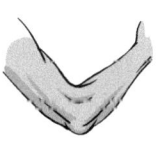

elbow
el codo

nose
la nariz

bottom
el trasero

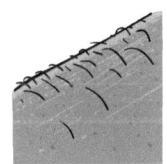

skin
la piel

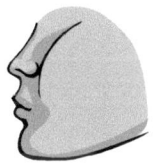

cheek
la mejilla

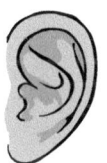

ear
el oído

lip
el labio

mouth

la boca

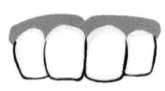

tooth

el diente

tongue

la lengua

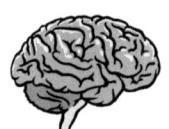

brain

el cerebro

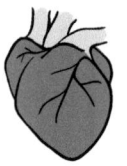

heart

el corazón

muscle

el músculo

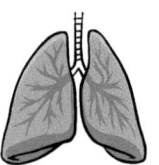

lung

el pulmón

liver

el hígado

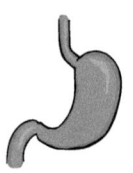

stomach

el estómago

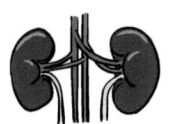

kidneys

los riñones

sex

el sexo

condom

el condón

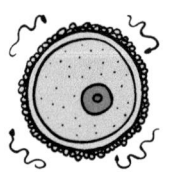

ovum

el ovario

semen

el semen

pregnancy

el embarazo

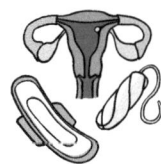

menstruation

la menstruación

vagina

la vagina

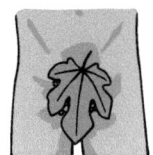

penis

el pene

eyebrow

la ceja

hair

el pelo

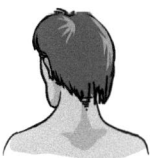

neck

el cuello

hospital
el hospital

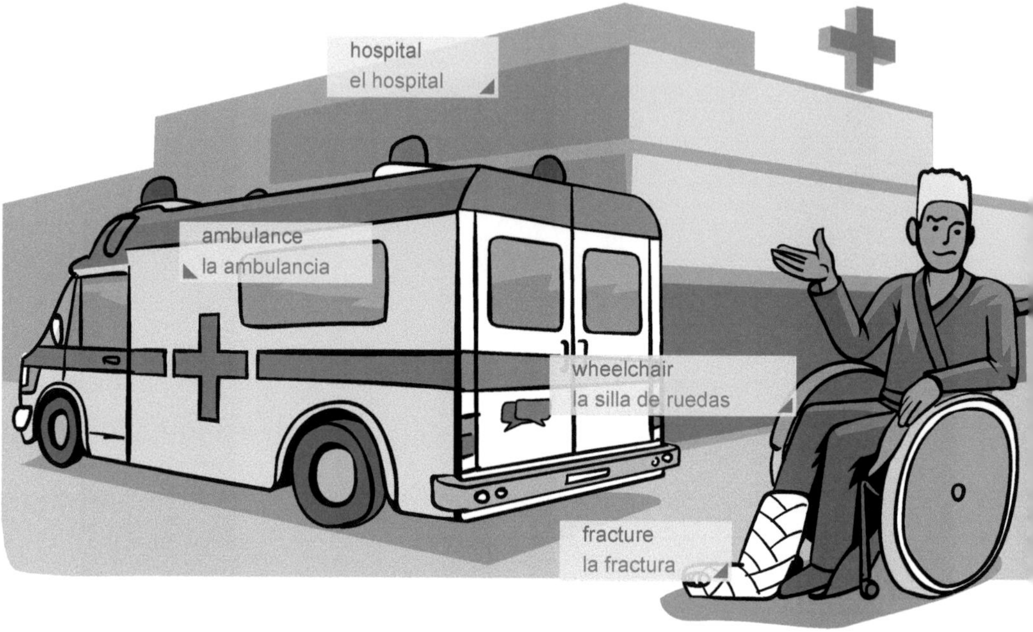

hospital
el hospital
ambulance
la ambulancia
wheelchair
la silla de ruedas
fracture
la fractura

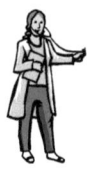

doctor

el médico

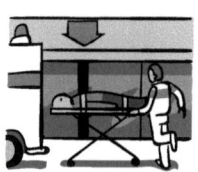

emergency room

la sala de urgencias

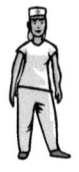

nurse

la enfermera

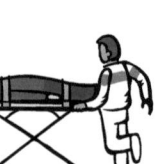

emergency

la urgencia

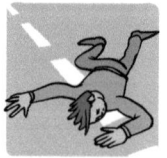

unconscious

inconsciente

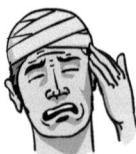

pain

el dolor

injury

la lesión

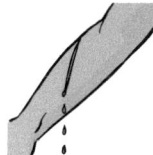

bleeding

la hemorragia

heart attack

el infarto

stroke

el ictus

allergy

la alergia

cough

la tos

fever

la fiebre

flu

la gripe

diarrhoea

la diarrea

headache

el dolor de cabeza

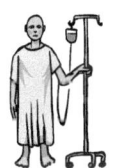

cancer

el cáncer

diabetes

la diabetes

surgeon

el cirujano

scalpel

el bisturí

operation

la operación

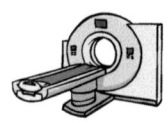

CT
TAC

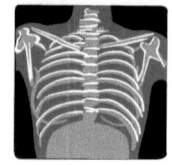

x-ray
los rayos x

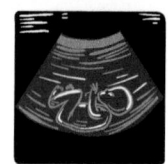

ultrasound
el ultrasonido

face mask
la mascarilla

disease
la enfermedad

waiting room
la sala de espera

crutch
la muleta

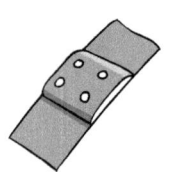

plaster
la tirita

bandage
la venda

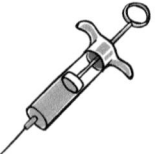

injection
la inyección

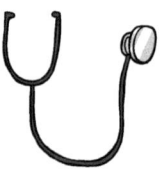

stethoscope
el estetoscopio

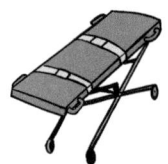

stretcher
la camilla

clinical thermometer
el termómetro

birth
el nacimiento

overweight
el sobrepeso

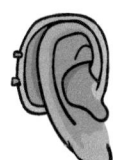

hearing aid

el audífono

disinfectant

el desinfectante

infection

la infección

virus

el virus

HIV / AIDS

VIH / SIDA

medicine

la medicina

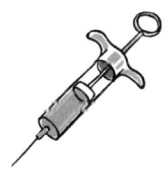

vaccination

la vacunación

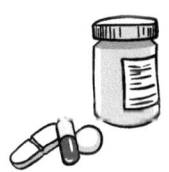

tablets

las tabletas

pill

la pastilla

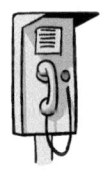

emergency call

la llamada de urgencia

blood pressure monitor

el tensiómetro

ill / healthy

enfermo / sano

Help!

¡Socorro!

alarm

la alarma

assault

el asalto

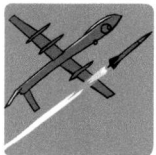

attack

el ataque

danger

el peligro

emergency exit

la salida de emergencia

Fire!

¡Fuego!

fire extinguisher

el extintor de incendios

accident

el accidente

first-aid kit

el botiquín de primeros
auxilios

SOS

SOS

police

la policía

Europe

Europa

North America

Norteamérica

South America

Sudamérica

Africa

África

Asia

Asia

Australia

Australia

Atlantic

el atlántico

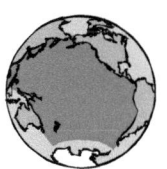

Pacific

el Pacífico

Indian Ocean

el Océano Índico

Antarctic Ocean

el Océano Antártico

Arctic Ocean

el Océano Ártico

North Pole

el polo norte

South Pole
el polo sur

Antarctica
La Antártida

Earth
la tierra

land
la tierra

sea
el mar

island
la isla

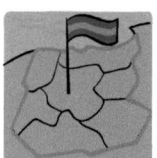

nation
la nación

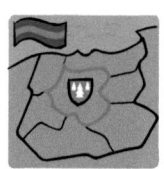

state
el estado

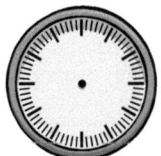

clock face

la esfera

hour hand

la manecilla de las horas

minute hand

el minutero

second hand

el segundero

What time is it?

¿Qué hora es?

day

el día

time

el tiempo

now

ahora

digital watch

el reloj digital

minute

el minuto

hour

la hora

week

la semana

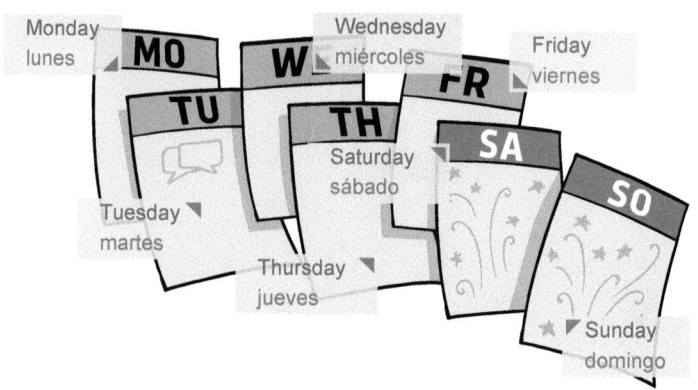

Monday — lunes
Wednesday — miércoles
Friday — viernes
Tuesday — martes
Saturday — sábado
Thursday — jueves
Sunday — domingo

yesterday

ayer

today

hoy

tomorrow

mañana

morning

la mañana

noon

el mediodía

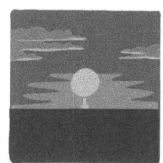

evening

la tarde

MO	TU	WE	TH	FR	SA	SU
1	2	3	4	5	6	7
8	9	10	11	12	13	14
15	16	17	18	19	20	21
22	23	24	25	26	27	28
29	30	31	1	2	3	4

business days

los días laborables

MO	TU	WE	TH	FR	SA	SU
1	2	3	4	5	6	7
8	9	10	11	12	13	14
15	16	17	18	19	20	21
22	23	24	25	26	27	28
29	30	31	1	2	3	4

weekend

el fin de semana

year
el año

rain
la lluvia
snow
la nieve
wind
el viento
spring
la primavera
autumn
el otoño
summer
el verano
winter
el invierno

4.APRIL 11°
5.APRIL 4°
6.APRIL 13°
7.APRIL 8°
8.APRIL 10°

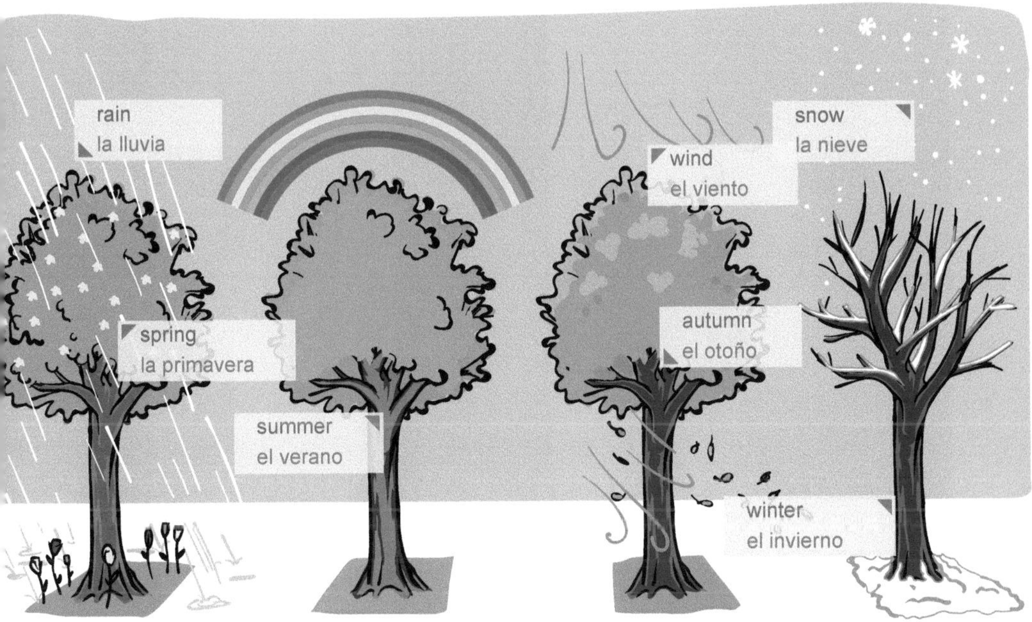

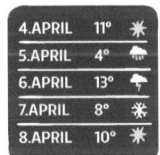

weather forecast

el pronóstico del tiempo

F
C
120
90
60
30
0
-30
40
30
20
10
0
-10
-20

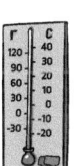

thermometer

el termómetro

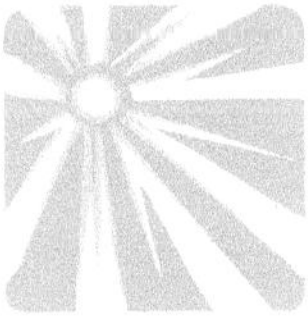

sunshine

el sol

cloud

la nube

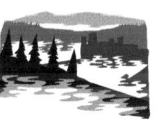

fog

la niebla

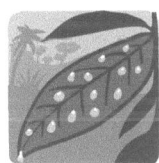

humidity

la humedad

lightning

el rayo

thunder

el trueno

storm

la tormenta

hail

el granizo

monsoon

el monzón

flood

la inundación

ice

el hielo

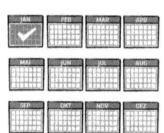

January

enero

February

febrero

March

marzo

April

abril

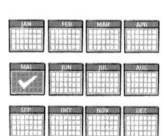

May

mayo

June

junio

July

julio

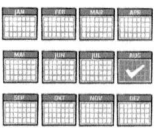

August

agosto

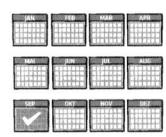

September
septiembre

October
octubre

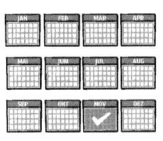

November
noviembre

December
diciembre

shapes
las formas

circle
el círculo

square
el cuadrado

rectangle
el rectángulo

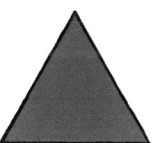

triangle
el triángulo

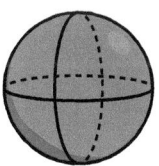

sphere
la esfera

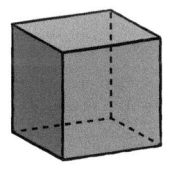

cube
el cubo

white

blanco

yellow

amarillo

orange

anaranjado

pink

rosa

red

rojo

purple

morado

blue

azul

green

verde

brown

marrón

grey

gris

black

negro

a lot / a little

mucho / poco

angry / calm

enojado / tranquilo

beautiful / ugly

bonito / feo

beginning / end

principio / fin

big / small

grande / pequeño

bright / dark

claro / oscuro

brother / sister

el hermano / la hermana

clean / dirty

limpio / sucio

complete / incomplete

completo / incompleto

day / night

el día / la noche

dead / alive

muerto / vivo

wide / narrow

ancho / estrecho

edible / inedible
comestible / no comestible

evil / kind
malo / amable

excited / bored
entusiasmado / aburrido

fat / thin
gordo / delgado

first / last
primero / último

friend / enemy
el amigo / el enemigo

full / empty
lleno / vacío

hard / soft
duro / blando

heavy / light
pesado / ligero

hunger / thirst
el hambre / la sed

ill / healthy
enfermo / sano

illegal / legal
ilegal / legal

intelligent / stupid
inteligente / tonto

left / right
izquierda / derecha

near / far
cerca / lejos

new / used

nuevo / usado

nothing / something

nada / algo

old / young

viejo / joven

on / off

encendido / apagado

open / closed

abierto / cerrado

quiet / loud

silencioso / ruidoso

rich / poor

rico / pobre

right / wrong

correcto / incorrecto

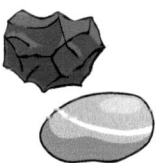

rough / smooth

áspero / suave

sad / happy

triste / contento

short / long

corto / largo

slow / fast

lento / rápido

wet / dry

húmodo / seco

warm / cool

cálido / frío

war / peace

guerra / paz

opposites - los opuestos

numbers
los números

0

zero

cero

1

one

uno

2

two

dos

3

three

tres

4

four

cuatro

5

five

cinco

6

six

seis

7

seven

siete

8

eight

ocho

9

nine

nueve

10

ten

diez

11

eleven

once

12

twelve

doce

13

thirteen

trece

14

fourteen

catorce

15

fifteen

quince

16

sixteen

dieciséis

17

seventeen

diecisiete

18

eighteen

dieciocho

19

nineteen

diecinueve

20

twenty

veinte

100

hundred

cien

1.000

thousand

mil

1.000.000

million

el millón

English
....
el inglés

American English
....
el inglés americano

Chinese Mandarin
....
el chino madarín

Hindi
....
el hindi

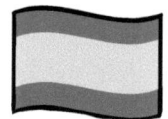

Spanish
....
el español

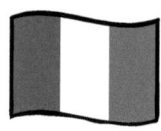

French
....
el francés

Arabic
....
el árabe

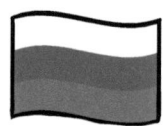

Russian
....
el ruso

Portuguese
....
el portugués

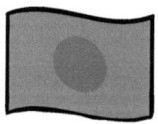

Bengali
....
el bengalí

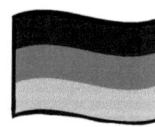

German
....
el alemán

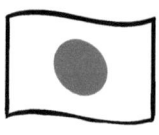

Japanese
....
el japonés

I

yo

you

tú

he / she / it

él / ella / ello

we

nosotros/as

you

vosotros/as

they

ellos/as

who?

¿quién?

what?

¿qué?

how?

¿cómo?

where?

¿dónde?

when?

¿cuándo?

name

el nombre

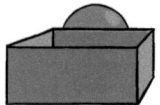

behind

detrás

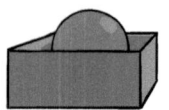

in

en

in front of

delante de

over

por encima de

on

sobre

under

debajo de

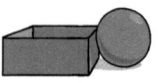

beside

junto a

between

entre

place

el lugar